»Theo haut ab« im Unterricht

Inhaltsangabe

u.1

Im Mittelpunkt des psychologischen Kinderromans von Peter Härtling steht der zehnjährige Theo Weißbeck aus Frankfurt. In der Schule ist er der Klassenclown und wird von seinen Klassenkameraden »Bims« genannt. Zu Hause ist Theo ganz anders. Hier ist sein einziger Ansprechpartner die Fantasiefigur Koknottel, mit der er sich immer wieder austauscht.

Sein Vater arbeitet als Buchhalter in einer Kleiderfabrik und ist unzufrieden mit seinen Perspektiven. Deshalb trinkt er häufig und wird dann aggressiv und gewalttätig seiner Familie gegenüber. Die Mutter leidet unter der Situation – ebenso wie Theo. Sie resigniert, wirkt hilflos und überfordert und glaubt Theos kleinen Ausreden und Schwindeleien. Vor allem macht Theo zu schaffen, dass seine Eltern offenbar gar nicht wahrnehmen, wie sehr er unter der bedrückenden Situation und den ständigen Auseinandersetzungen leidet. Nachdem er schon oft mit dem Gedanken gespielt hat, von zu Hause abzuhauen, setzt Theo nach einem Streit der Eltern diesen Plan in die Tat um. Am folgenden Tag setzt er sich nach der Schule in einen Zug und fährt weg.

Bei seinem dreitägigen Ausflug lernt er ganz verschiedene Menschen kennen – den Karussellbesitzer Papa Schnuff, bei dem er sich gleich wohl fühlt, Jecky, dessen Mitarbeiter, der sehr unfreundlich zu ihm ist, einen Mann, der ihn per Anhalter mitnimmt, dann aber aufdringlich wird, Kemal, einen türkischen LKW-Fahrer, der ihn ein Stück mitnimmt, ein Mädchen in einem kleinen Laden, das ihn ausfragen möchte, Pitter und seine Bande, mit denen er einen Nachmittag in Köln verbringt, und freundliche Polizeibeamte, die schließlich seine Eltern verständigen.

Der Vater holt Theo in Köln ab und eröffnet ihm bei der Ankunft zu Hause, dass die Eltern sich trennen werden. Theo ist am Boden zerstört. Das Sozialamt kümmert sich nun intensiv um die Familie. Doch eines Nachmittags, als Theo allein zu Hause ist, steht der Vater betrunken vor der Tür und verlangt nach der Mutter. Als Theo sagt, dass sie nicht da ist, wird der Vater ausfällig. Dieses Erlebnis wirft Theo aus der Bahn. Er hofft, in Papa Schnuff einen Gesprächspartner zu finden, und haut wieder ab. Dieses Mal hinterlässt er der Mutter einen Brief.

Doch Papa Schnuff ist verreist. Jecky bittet Theo, ein Päckchen für einen Freund nach Frankfurt mitzunehmen und zu überbringen. Zum Dank könne er bei dem Freund übernachten. So gerät Theo in zwielichtige, kriminelle Gesellschaft, verbringt eine Nacht in einem Geheimversteck und begegnet am nächsten Morgen der Polizei.

Nach dieser zweiten Flucht kümmert sich der Sozialarbeiter Lothar um den Jungen. Mit der Zeit fasst Theo Vertrauen. Die Verhältnisse stabilisieren sich, obwohl der Vater wieder heiratet. Am Ende des Kinderromans steht ein Besuch bei Papa Schnuff, den Lothar arrangiert hat.

U.2

Didaktisches Profil des Romans

Das didaktische Potenzial der Erzählung als Unterrichtslektüre liegt in der Verknüpfung von vertrauten, assimilativen und eher neuen, akkomodativen Aspekten.* Vertraute Charakteristika des Textes sorgen dafür, dass die Schüler/innen von sich aus einen Zugang zum Text finden können und dass Anknüpfungsmöglichkeiten für eine eigene Textdeutung vorhanden sind (Assimilation). Dieser Aspekt betrifft das lesefördernde Potenzial. Neue, zusätzliche Anforderungen, die der Text an ein Verstehen der Schüler/innen stellt, betreffen eher den Bereich des literarischen Lernens. Im Überblick lässt sich das didaktische Profil folgendermaßen skizzieren:

* Vgl. Rank, Bernhard (2005): Leseförderung und literarisches Lernen. In: Lernchancen, 8. Jg., H. 44, S. 4–9.

Dimension des Textes	Das Vertraute: Möglichkeit zur Assimilation (Leseförderung)	Das Neue: Notwendigkeit zur Akkomodation (literarisches Lernen)
Wirklichkeitsbezug	Realitätsnahe Schilderung	Fiktionale Erzählung mit realer Grundidee
	Realer Hintergrund	
Thematik	Streit und Trennung der Eltern	Alkoholismus eines Elternteils
	Schwierigkeit, Gefühle zu artikulieren	Von zu Hause weglaufen
	Angst	
	Vertrauen	
Figuren	Theo als Identifikationsfigur	Empathie mit den Eltern
	Imaginärer Freund Koknottel	Empathie mit Papa Schnuff als erwachsenen Sympathieträger
Sprache/Stil	Mündlichkeit, umgangssprachliche Ausdrücke	Keine Zeichensetzung bei wörtlicher Rede
	Einfache Sprache	Symbolik
	Einfache Syntax	
	Spannungsbögen	
Literarische Formelemente/Erzählkonzept	Weitgehend lineare Erzählkonstruktion mit einigen Rückblenden und Vorandeutungen	Offenes Ende
	Überschaubare Anzahl an Figuren	Andeutungsvolle Kapitelüberschriften

Insgesamt lässt sich im Roman eine gelungene Mischung aus leseförderndem Potenzial und Notwendigkeiten zur Akkomodation bestehender Verstehensschemata ausmachen. Besonders geeignet scheint Peter Härtlings Roman dabei für die Klassenstufen 3 bis 5.

Literarisches Profil des Romans

U.3

Erzählweise

Der Roman ist in elf Kapitel gegliedert. Bereits die Kapitelüberschriften verraten einen Teil des jeweiligen Inhalts. Inhaltlich können verschiedene Arten von Kapiteln unterschieden werden: Kapitel 2 (Wie Theo zu seinem Spitznamen Bims kam), 7 (Warum Theo, obwohl alle freundlich zu ihm sind, wieder wegläuft) und 10 (So einfach kommt man nicht nach Hause) haben eher erklärende und zusammenfassende Funktion. Kapitel 3 bis 6 und 8 bis 9 erzählen linear die Ereignisse der beiden »Fluchten«. Das erste Kapitel bildet den Auftakt und erklärt, warum Theo beschließt, wegzulaufen. Das letzte Kapitel bietet kein Happy-End, jedoch einen leicht positiven Ausblick – Theos Verhältnisse stabilisieren sich.

Die Handlung erstreckt sich über ein Dreivierteljahr und beginnt im Sommer. Sie wird weitgehend linear erzählt. An einigen Stellen wird das durch Rückblenden durchbrochen, z.B. auf Seite 14ff. Hier wird über Theos Lehrerin erzählt und erklärt, wie Theo seinen Spitznamen Bims bekommen hat. Weitere Beispiele finden sich auf S. 5, S. 11 und S. 67. In den Rückblenden wechselt die Erzählzeit dann vom Präsens zum Präteritum und Plusquamperfekt.

Der Roman ist in auktorialer Erzählperspektive verfasst. Dennoch verleiht Härtling dem Er-Erzähler auch personale Züge. Dies bringt eine Erzählperspektive mit sich, die den Leser/innen eine Innensicht in Theos Gedanken und Gefühle ermöglicht und damit einer Identifikation des Lesers mit dem Protagonisten, sowie einem Empathieempfinden, entgegenkommt (z.B. »Theo denkt: Es ist schon dumm, dass ich einen Bummelzug genommen habe«, S. 22). Die Innensicht beschränkt sich auf die Figur des Protagonisten. In Bezug auf die anderen Figuren des Romans verfügt der Erzähler nur über eine eingeschränkte Sicht. Die personalen Erzählzüge bringen den Einsatz von erlebter Rede und innerer Monologe mit sich und lassen die Leser/innen an Theos Gedanken, Meinungen, Ängsten und Zweifeln teilhaben. Insgesamt ist das Verhältnis zwischen Erzähler- und Figurenrede (Dialoge) recht ausgeglichen.

Dennoch ermöglicht der Er-Erzähler einen wissenden Abstand zur Hauptfigur durch Kommentare und Vorausdeutungen. Letztere erhöhen außerdem die Spannung: »Wenn ihm jemand gesagt hätte, drei Stunden später wirst du nur noch abhauen wollen, sonst gar nichts, dann hätte er den für beknackt gehalten« (S. 11).

Meist überwiegt eine syntaktisch einfache Hochsprache. Die Figurenrede enthält – je nach Sprecher – zahlreiche umgangssprachliche bis vulgäre Wendungen wie beispielsweise »Schlampe« (S. 11), »Tranfunzel« (S. 29) oder »Zieh Leine!« (S. 32). Die Syntax besteht größtenteils aus kurzen, einfachen Sätzen – einem parataktischen Satzbau. Häufig werden elliptische Sätze verwendet. Ellipsen sind überall in der alltäglichen Kommunikation zu finden und zeichnen sich durch weggelassene Elemente aus, die im Geiste sinnvoll ergänzt werden können. Dies unterstreicht die Mündlichkeit des sprachlichen Stils. Härtling ist somit nah am Sprachstil der Leser/innen.

Der Kinderroman spielt in Frankfurt am Main und Umgebung. Doch Theos Abenteuer führen ihn über Rüsselsheim und Koblenz bis nach Köln. Die konkrete Benennung der Handlungsorte vermittelt der Erzählung zusätzliche Realität.

Der Text wird von zwei Spannungsbögen getragen: das erste Ausreißen bis zur Heimkehr und die zweite Flucht und die Rückkehr.

Eine besondere Rolle spielen auch die Kapitelüberschriften, die zwar Andeutungen machen, aber den Kapitelinhalt doch noch offen genug lassen, um Spannung zu erzeugen.

Stellenweise wirkt die Erzählung etwas altmodisch, hauptsächlich bedingt durch die Vornamen wie Theo, Frieder, Detlev und Lothar. Aber auch der Cowboy als Symbol von Coolness und das dazugehörende offen getragene Karohemd ist eindeutig ein Relikt der Vergangenheit. Außerdem ist die Währung noch die D-Mark. Dennoch hat das Schicksal von Kindern wie Theo in den letzten dreißig Jahren nichts an Aktualität eingebüßt.

Die Handlung ist an vielen Stellen stark romantisiert und wenig realistisch. Ein Zehnjähriger haut von zu

Hause ab und schlägt sich drei Tage lang durch. Die Gefahren des Ausreißens werden angedeutet aber eher verharmlost. Vielleicht war es vor 30 Jahren auch noch ungefährlicher, als Kind alleine unterwegs zu sein. Die Figuren sind eindimensional entweder gut oder böse. Vor allem die Sympathieträger Kemal und Papa Schnuff sind klischeehaft dargestellt: Sie sind beide dick und gutherzig.

Themen und Motive

Auslöser für Theos Weglaufen ist seine **familiäre Situation**. Die Kleinfamilie gehört der unteren Mittelschicht an. Sie lebt in einem Hochhaus im Osten Frankfurts »inmitten von großen, gammeligen Mietblocks« (S. 14). Der Vater arbeitet als Buchhalter in einer Kleiderfabrik, sieht für sich aber keine berufliche Perspektive im Betrieb (»Die lassen mich einfach sitzen, schreit er, da komme ich nicht voran«, S. 7). Deshalb trinkt er und kommt abends oft erst spät und betrunken nach Hause. Es kommt häufig zu Streitigkeiten, bei denen der Vater sowohl der Mutter als auch Theo gegenüber gewalttätig und verbal ausfällig wird (S. 11). Die Mutter, die vormittags in einem Supermarkt arbeitet, wirkt hilflos und überfordert. Sie liebt Theo, ist aber zu sehr mit sich beschäftigt, um auf ihn eingehen zu können. Sie akzeptiert seine Ausreden und geht ihnen nicht auf den Grund. Sie hat es auch aufgegeben, mit ihrem Sohn wirkliche Gespräche zu führen (S. 8 ff.). Die Streitigkeiten der Eltern machen Theo schwer zu schaffen. Er ist enttäuscht von ihnen und wünscht sich doch so sehr ihre Zuwendung. Häufig hat er Fluchtgedanken. Damit möchte er eher die Eltern strafen. Oder er denkt sich aus, was wäre, wenn er tot wäre, wie die Eltern um ihn trauern würden und ihr Verhalten bedauern würden (S. 12). Nach einer großen Auseinandersetzung der Eltern beschließt Theo tatsächlich abzuhauen. In der Familie erlebt er kein anderes Konfliktlösungsmodell – der Vater flieht in den Alkohol, die Mutter in die Resignation und »Theo haut ab« (S. 5).

Da Theo mit seinen Eltern nicht reden kann, hat er eine **Fantasiefigur** erschaffen, einen imaginären Freund. Es ist ein »lustiger Zwerg« (S. 9) mit dem Namen Koknottel. »Mit ihm unterhält er sich. Vor allem, wenn er traurig ist, wenn er nicht mehr weiterweiß« (S. 9). Nach seiner ersten Flucht fällt es Theo immer schwerer, sich Koknottel vorzustellen (S. 88). Er »war irgenwie verdrängt von einer anderen Figur. Wahrscheinlich war es Papa Schnuff. An den dachte er oft. Auch an Kemal. Und manchmal an Pitter" (S. 88).

Es werden hauptsächlich **Theos Beziehungen** zu männlichen Erwachsenen dargestellt. Kinder kommen nur am Rande vor. Theos Freund Detlev wird erwähnt. Mit ihm verbringt er die Nachmittage im Viertel. Er ist aber kein Ansprechpartner für Theos Probleme. Frieder steht für Kinder, die aus einem anderen Milieu stammen und auf Theo herabsehen. Er ist aus einem besser gestellten Elternhaus: »Seine Jeans und seine Pullis waren nie fleckig und unter seinen Fingernägeln war nie Dreck. Er war ein feiner Pinkel« (S. 84). Vermutlich sagt er, was er zu Hause gehört hat, wenn er Theo zuruft: »Höchstens Asoziale hauen von zu Hause ab« (S. 84). Auf dem Rummel trifft Theo auf eine Gruppe von Jungen, zu denen er aber keinen weiteren Kontakt aufnimmt. Eine Ausnahme ist die Gruppe von Jugendlichen, die Theo in Köln kennenlernt. Sie werden alle namentlich genannt: Pitter, Jan, Stefano und Bert. Er hat ihre Aufmerksamkeit und Anerkennung gewonnen, weil sie ihn beim Klauen eines Apfels beobachtet haben (»Das war gekonnt!«, S. 64). Mit den Jungen verbringt er einen Nachmittag und fühlt sich wohl in ihrer Gesellschaft. Aber auch diesen Kindern vertraut sich Theo nicht an. »Er hält es für besser, noch nicht viel zu reden« (S. 70). Nachdem Bert ihn »Fremder« (S. 71) genannt hat, spielt Theo den Westernhelden, den er aus Filmen kennt. Er übernimmt den wiegenden Gang »und fühlt sich ungeheuer stark und sicher« (S. 71). Als Fremder muss er nicht viel reden, sondern hauptsächlich cool wirken. In Gesellschaft der Jungen raucht er auch zum ersten Mal (S. 72) und trinkt Bier (S. 75). Dies wird jedoch neutral dargestellt und nicht bewertet.

Die einzige Erwachsene, die Theo wirklich zu verstehen scheint, ist seine Klassenlehrerin, Frau Persig. In der Schule spielt Theo den Klassenclown. Er ist vergesslich und gedanklich oft abwesend. Häufig schreibt er schlechte Noten. Doch Frau Persig glaubt an ihn: »Du bist gar nicht so schlecht, Theo, sagt sie, nur ist in deinem Kopf so vieles durcheinander« (S.8). Theo mag sie sehr. Doch er vertraut ihr nicht genug, um mit ihr über seine schwierige Situation zu sprechen.

Im Laufe der Erzählung werden der junge Sozialarbeiter Lothar und Papa Schnuff die Personen, zu denen Theo **Vertrauen** hat und zu denen er sich hingezogen fühlt. Mit Papa Schnuff unterhält sich Theo hauptsächlich in Gedanken. Lothar ist ein realer Gesprächspartner, dem er sogar von seiner Fantasiefigur Koknottel erzählt (S. 113). Lothar betreut Theo und hilft ihm bei den Hausaufgaben. Manchmal spielt er mit ihm Karten- oder Brettspiele. So gewinnt er allmählich das Vertrauen des Jungen: »Sie unterhielten sich jetzt auch ohne Kabbelei« (S. 113). Theos Schulleistungen verbessern sich dank Lothars Hilfe, sodass er nicht mehr versetzungsgefährdet ist (S. 114).

Ganz am Ende scheinen auch die Eltern wieder zu Kommunikationspartnern und Ansprechpersonen geworden zu sein: »Er musste sich alles noch einmal durch den Kopf gehen lassen. Vielleicht auch mit Vater und Mutter darüber sprechen« (S. 125).

Zahlreiche Beschreibungen sind symbolisch zu verstehen:

- Härtling verwendet immer wieder Wetterbeschreibungen, um Theos Stimmung zu unterstreichen oder bevorstehende Ereignisse anzukündigen. So ist der Himmel wolkenlos, und es ist warm, als Theo seinen Beschluss auszureißen, in die Tat umsetzt (S. 18). Auf der Fahrt im LKW mit Kemal beginnt es zu regnen, als dieser Theos Ausreißen thematisiert (S. 50 ff.). Ein Gewitter schließlich beendet Theos erste Flucht (S. 76 f.).
- Das Karussell ist ein Sinnbild für unstetes Leben, es geht auf und ab, man kann aber auch herausfallen (S. 24, 33).
- Papa Schnuffs Wohnwagen hat die Form eines Eis (S. 35). Es vermittelt Geborgenheit und ist wie eine Hülle.

Deutungsperspektiven

U.4

Wie alle Kinderromane von Peter Härtling, ist auch »Theo haut ab« ein realistischer Roman mit sozialkritischen Zügen. Der Autor ergreift Partei für Kinder, die in schwierigen Verhältnissen aufwachsen und Opfer ihrer familiären Lebensbedingungen sind. Durch professionelle Hilfe von außen in Form von Vertretern des Jugendamtes erreicht die Familie Stabilität.

Theo ist auf der Suche nach einer positiven Vaterfigur, nach Liebe und Anerkennung. Von seinem eigenen Vater ist er enttäuscht und fühlt sich unverstanden. Es macht Theo zu schaffen, dass er ihm nicht zeigen kann, dass er ihn liebt.

Alle Figuren, denen er auf seiner Flucht begegnet, mit Ausnahme des Ladenmädchens, sind männlich. Sie haben unterschiedlich starken Einfluss auf Theo. Am stärksten fühlt sich Theo zu Papa Schnuff hingezogen. Der alte Mann lässt Theo, ohne viel zu fragen, einen Nachmittag lang beim Karussellbetrieb mithelfen. Die erste Nacht verbringt Theo unter dem Wohnwagen des Schaustellers. Entgegen Theos Erwartung reagiert der am nächsten Morgen sehr wütend auf den Besucher. Er möchte keine Schwierigkeiten mit der Polizei bekommen und schickt Theo nach Hause. Er macht dem Jungen jedoch Frühstück und schreibt ihm einen Brief, den er seinen Eltern geben soll. Theo vertraut dem alten Mann seine Sorgen nicht an, sondern schweigt über den Grund des Abhauens. Theo liest Papa Schnuffs Brief und beschließt, ihn als Andenken zu behalten. Am Ende der Erzählung vermittelt Lothar einen Besuch bei Papa Schnuff. Theo ist glücklich, ihn wiederzusehen, und genießt es, seinen Erzählungen zu lauschen. Der Mann verspricht, Theo und seine Mutter bald zu besuchen

Auch die Begegnung mit dem türkischen LKW-Fahrer Kemal beeindruckt Theo sehr. Der freundliche Mann gibt ihm zu essen und trinken. Im Führerhaus des großen LKW fühlt sich Theo stark und geborgen. Theo würde am liebsten als Beifahrer bei Kemal bleiben. Doch die Stimmung kippt, als Kemal den Jungen darauf anspricht, ob er abgehauen ist. Der Mann hat selbst zwei Kinder, die er über alles liebt.

Zum Abschied umarmt er den Jungen, wie es noch nie jemand getan hat (S. 54).

Theo gerät auch in einige gefährliche Situationen, hat aber ein gutes Gefühl, wem er trauen kann und wem nicht (oder die Darstellung ist zu unrealistisch?). Der erste Autofahrer, der ihn mitnimmt, legt, während Theo schläft, seine Hand auf den Schenkel des Kindes (S. 44). Doch Theo reagiert sehr besonnen. Er bringt den Fahrer unter dem Vorwand, auf die Toilette zu müssen, zum Anhalten, und rennt dann davon.

Jecky, Papa Schnuffs Helfer beim Karussell, ist Theo von Anfang an unsympathisch. Bei ihrer zweiten Begegnung schafft er es aber nicht, ihm die Bitte abzuschlagen, einem Freund in Frankfurt ein Paket zu bringen (S. 95). So gerät Theo an die Autofälscher Chef und Keschius.

Nach seiner zweiten Heimkehr kümmert sich der junge Sozialarbeiter Lothar um Theo. Zu ihm fasst er nach und nach Vertrauen.

Zu seinem Vater hat Theo noch Kontakt. An Wochenenden sehen sie sich. Manchmal machen sie sogar Unternehmungen zu Dritt. Der Vater wird wieder heiraten. Diese Ankündigung berührt Theo jedoch nicht (S. 114). Er scheint ein gutes Verhältnis zu seinen Eltern zu haben. Am Ende des letzten Kapitels verspürt er sogar Bedarf, mit ihnen über Papa Schnuffs Erzählungen zu sprechen.

So lässt sich der Kinderroman auch als Entwicklungsroman lesen. Es wird die Entwicklung Theos vom verschlossenen, unsicheren »Komiker« (S. 5) hin zum selbstbewussteren, reiferen, mutigeren Jungen beschrieben. Er hat die Erfahrung gemacht, dass man vor seinen Problemen nicht davonlaufen kann. Er musste auch erkennen, dass Ausreißer keine Helden sind. Sie sind ständig auf der Flucht und in Angst, müssen sich immer verstecken und verstellen und können nicht bei den Menschen bleiben, die sie mögen (S. 55). Der Reifungsprozess ist auch mit einer Ablösung von der Fantasiefigur Koknottel verbunden. Theo hat nun reale Gesprächspartner.

u.5

Methodenkiste

Im Folgenden machen wir Vorschläge für mögliche Arbeitsweisen mit »Theo haut ab« im Unterricht und verbinden sie mit anzustrebenden Kompetenzen im Deutschunterricht. Dabei beziehen wir uns auf die von der Kultusministerkonferenz (KMK) verabschiedeten »Bildungsstandards für das Fach Deutsch für die Primarstufe«, die die verbindliche Grundlage für alle in den Ländern zu entwickelnden Lehr- und Bildungspläne in der Grundschule darstellen. In der rechten Spalte geben wir jeweils mögliche Beispiele für eine konkrete Umsetzung im Unterricht.

Zahlreiche methodische Möglichkeiten sprechen mehrere Bildungsstandards an. Wir haben uns zum Zwecke der Übersichtlichkeit jeweils für einen Bildungsstandard des Bereichs 3.3 (»Lesen – mit Texten und Medien umgehen«) entschieden. Häufig lassen sich auch evidente Bezüge zu den Bildungsstandards der anderen Bereiche herstellen. Darüber hinaus stehen die methodischen Möglichkeiten in Verbindung mit einem fächerübergreifenden Ansatz (vor allem mit dem Sachunterricht), der sich je nach Klassensituation, Vorwissen und Interessen der Schüler/innen modifizieren lässt.

Bildungsstandards	Methoden	Beispiele
→ Über Lesefähigkeiten verfügen		
Altersgemäße Texte sinnverstehend lesen	Ein Kapitel oder wichtige/lustige/traurige Stelle auswählen, sinnerfassendes Lesen üben und Auswahl begründen	
Lebendige Vorstellungen beim Lesen und Hören literarischer Texte entwickeln	Ein unbekanntes Kapitel wird als Fantasiereise vorgelesen. Die Schüler/innen berichten von Assoziationen.	
	Bilder zum Text gestalten	Freie Gestaltung – Male ein Bild zum Buch! Was hat dir besonders gefallen? Zu Sequenzen Bilder gestalten Bilder zu einzelnen Personen der Handlung zeichnen → **k.2**
→ Über Leseerfahrungen verfügen		
Verschiedene Sorten von Sach- und Gebrauchstexten kennen	Brief von Härtling mit Antwort auf Kinderfragen	Wie lauten die Fragen, auf die Härtling geantwortet hat? → **i.3**
	Themenrecherche anhand verschiedener Textsorten	Zeitungsberichte, Lexikonartikel, Reportage → **k.8**
Kinderliteratur kennen: Werke, Autoren und Autorinnen, Figuren, Handlungen	Weitere Bücher von Peter Härtling kennenlernen	z.B. »Oma«, »Alter John«, »Ben liebt Anna«, »Mit Clara sind wir sechs«, »Lena auf dem Dach«, »Das war der Hirbel«
	Härtlings Biografie kennenlernen	www.haertling.de → **i.1**
Texte begründet auswählen	Ein Kapitel oder wichtige/lustige/traurige Textsstellen heraussuchen und Auswahl begründen	
	Ein Lieblingskapitel auswählen, vorstellen und Wahl begründen	
Sich in einer Bücherei orientieren	Rundgang mit anschließender Büchereirallye	Informationen über die örtliche Bücherei
	Bücherkiste (verschiedenen Textsorten/Medien) zu einem Thema zusammenstellen	Peter Härtling Ausreißen
Angebote in Zeitungen und Zeitschriften, in Hörfunk und Fernsehen, auf Ton- und Bildträgern sowie im Netz kennen, nutzen und begründet auswählen	Themenrecherche im Internet	Themenrecherche über Kindersuchseiten www.blindekuh.de www.hanisauland.de
Informationen in Druck- und – wenn vorhanden – elektronischen Medien suchen	Informationen zu Peter Härtling suchen	www.haertling.de
	Informationen zum Thema »Ausreißen« suchen	Tageszeitung, Lexika, Internet
Die eigene Leseerfahrung beschreiben und einschätzen	Meinungen zum Buch äußern und im Klassenverband diskutieren	Was hat mir besonders gut/schlecht gefallen? Was würde ich ändern?
→ Texte erschließen		
Verfahren zur ersten Orientierung über einen Text nutzen	Klappentext Titelbild	Vermutungen über die Geschichte in Form eines Mind-Map sammeln Fragen an den Text sammeln und im Laufe der Lektüre beantworten

Bildungsstandards	Methoden	Beispiele
	Inhaltsverzeichnis (S. 127) Titel (S. 3)	Vermutungen über die Geschichte in Form eines Mind-Map sammeln
Gezielt einzelne Informationen suchen	Bestimmte Textstellen auffinden	**→ k.2, k.3, k.4, k.5, k.6**
	Fragen zum Text beantworten	**→ k.4, k.5, k.7**
	Eigene Fragen zum Text stellen	Klassenquiz Hausaufgabenquiz
Texte genau lesen	Kapitelexperten bestimmen	Jede Schülerin und jeder Schüler ist Experte für ein bestimmtes Kapitel
	Kernaussagen eines Kapitels/Abschnitts formulieren	Kapitel 3: Zuflucht bei Papa Schnuff
Bei Verstädnisschwierigkeiten Verstehenshilfen anwenden: nachfragen, Wörter nachschlagen, Text zerlegen	Worterklärungen suchen	Arbeit mit dem Wörterbuch
	Den Text in Sinnabschnitte gliedern	Ein Kapitel gliedern, zusammenfassen und Überschriften finden (z. B. Kapitel 5)
Texte mit eigenen Worten wiedergeben	Kapitel nacherzählen	Beginn der Flucht, Kapitel 3
	Sachverhalte nacherzählen	Wie Theo zu seinem Spitznamen kam
Zentrale Aussagen eines Textes erfassen und wiedergeben	Aussagen erklären und konkretisieren	**→ k.5, k.7**
Aussagen mit Textstellen belegen	Aussagen werden vorgegeben und durch Textstellen mithilfe des Zeilometers belegt	**→ k.4**
Eigene Gedanken zu Texten entwickeln, zu Texten Stellung nehmen und mit anderen über Texte sprechen	Bezüge zur eigenen Lebenswirklichkeit herstellen	**→ k.2, k.5**
	Eine kontroverse Diskussion zu einem Thema oder zu bestimmten Figuren führen	Hätte Kemal Theo zur Polizei bringen sollen? (Kapitel 4) War Theos zweite »Flucht« sinnvoll? (Kapitel 7 ff.) **→ k.8**
Bei der Beschäftigung mit literarischen Texten Sensibilität und Verständnis für Gedanken und Gefühle und zwischenmenschliche Beziehungen zeigen	Figurenkonstellation: Die Figuren charakterisieren und zueinander in Beziehung setzen	Die Figuren und ihre Beziehungen zu Theo darstellen: Von wem fühlt sich Theo angenommen? **→ k.9**
	Gedanken von Figuren herausarbeiten und bewerten	Was denkt Kemal, als er Theo von seinen Kindern erzählt? (Kapitel 4) Was denkt die Mutter, wenn sie Theos Brief findet? (Kapitel 7) **→ k.7**
	Die Entwicklung von Beziehungen zwischen Figuren darstellen (grafisch oder verbal)	Theo – Vater Theo – Lothar Mutter – Vater
	Mithilfe der Alter-Ego-Technik die möglichen Gedanken von Figuren darstellen	Kemal (Kapitel 4) Frau Persig (Kapitel 7) Papa Schnuff (Kapitel 11)
	Sympathie/Antipathie zu den Figuren thematisieren	Sympathiekurven erstellen, z. B. zu Theo, Papa Schnuff, Lothar
Unterschiede und Gemeinsamkeiten von Texten finden	Thematisch ähnliche Texte vergleichend lesen	Hirbels Kampf mit den Schafen (S. 16–21) aus »Das war der Hirbel« von Peter Härtling

Bildungsstandards	Methoden	Beispiele
Handelnd mit Texten umgehen: z. B. illustrieren, inszenieren, umgestalten, collagieren	Einen Comic zeichnen	Theo läuft weg – Beginn der Flucht bis Ankunft auf dem Rummel (Kapitel 3) Prügelei mit Frieder → **k.7**
	Ein Rollenspiel mit Requisiten zu einer Szene planen und durchführen	Theo und seine Mutter beim Essen (Kapitel 1) → **k.2** Theo in Köln mit Pitter und seiner Bande (Kapitel 6)
	Alternativen Schluss schreiben	Was hätte bei Theos beiden »Abenteuern« schief gehen können? → **k.8**
	Tagebucheintrag einer Figur verfassen, um sich in Gefühle und Gedanken von Figuren hineinzuversetzen	Mutter am Abend von Theos erster Flucht (Kapitel 3) Frieder über die Auseinandersetzung mit Theo (Kapitel 7)
	Brief einer Figur oder an eine Figur	Brief an den Vater Brief von Kemal an Theos Eltern (Kapitel 4) → **k.7**
	Wandzeitung	Handlungsablauf, Personen Wann hat Theo Angst? → **k.6**
	Pantomime	Sich in die Gefühle einer Figur hineinversetzen und sie pantomimisch darstellen, z. B. zur Nacht in der Waldhütte (Kapitel 5)
	Ein fiktives Interview mit einer Person führen	Frau Persig Vater
	Eine Collage erstellen	Theos Gefühle mithilfe von Bildern aus Zeitschriften darstellen
	Musikalische Umsetzung von Gefühlen	Kapitel 5
	Ein Kapitel in Ich-Form umschreiben	Kapitel 8
	Ein Hörspiel erstellen	Auf dem Rummelplatz: Kapitel 3, S. 24–33
	Einen Figurensteckbrief erstellen	Steckbriefe der Hauptfiguren in Partner- oder Gruppenarbeit erstellen → **k.9**
	Einen Zeitungsbericht über eine Textstelle verfassen	Suchmeldung am Tag nach Theos erster Flucht
	Ein (Telefon-)Gespräch antizipieren	→ **k.3, k.7**
	Eine thematische Aktion durchführen	Ich will nur noch weg!? Statistiken, Fallbeispiele, Gefahren, Alternativen
	Ein alternatives Titelbild entwerfen	Theo auf dem Bahnhof
	Eine Rezension zum Roman verfassen	Inhalt beschreiben, positive und negative Aspekte, Gesamturteil
	Einen Handlungsort malen, zeichnen oder nachbauen	Rummelplatz (Kapitel 3) Verschlag der Bande in Köln (Kapitel 6)
	Eine Figur zeichnen – nach der Beschreibung im Text oder, wo nicht vorhanden, nach der eigenen Vorstellung	Theo, Frau Persig, Eltern

Bildungsstandards	Methoden	Beispiele
→ Strategien zum Leseverstehen kennen und anwenden		
Selbstgewählte Texte zum Vorlesen vorbereiten und sinngestaltend vorlesen	Ein Kapitel bzw. eine besonders wichtige, lustige oder spannende Textstelle vorlesen (ggf. auf Kassette aufnehmen) Den sinngestaltenden Lesevortrag vorbereiten und üben Die Textauswahl individuell begründen	
Geschichten, Gedichte und Dialoge vortragen, auch auswendig	Szene des Buches im Rollenspiel vorstellen	Theo und Mutter, Kapitel 1 Bei Papa Schnuff, Kapitel 11
Ein Kinderbuch selbst auswählen und vorstellen	Andere Bücher von Peter Härtling suchen, eines davon auswählen, lesen und der Klasse vorstellen	z. B. »Oma«, »Alter John«, »Ben liebt Anna«, »Mit Clara sind wir sechs«, »Lena auf dem Dach«, »Das war der Hirbel«
Verschiedene Medien für Präsentationen nutzen	Plakat/Wandzeitung erarbeiten, vorstellen und reflektieren	Thematische Gruppen bilden (Beispiel: Ausreißer/Figuren des Romans)

u.6

Vorschlag für eine Unterrichtseinheit

Empfehlenswert ist, die Schüler/innen begleitend zur Arbeit mit dem Roman ein Lesetagebuch führen zu lassen. Hier ist Raum für eigene Gedanken und Notizen, aber auch für im Unterricht erarbeitete Aspekte. Somit ist eine Sicherung der Ergebnisse gewährleistet. Die Schüler/innen können ihre Interessen im Lesetagebuch vertiefen. Außerdem können die bearbeiteten Arbeitsblätter im Lesetagebuch abgelegt werden. So entsteht im Verlauf der Unterrichtseinheit ein individuelles und persönliches Lektürebuch, das als Grundlage für die Reflexion und auch für die Bewertung von Schülerleistungen genutzt werden kann. Die Unterrichtseinheit besteht, unterstützt durch die Infoblätter und Kopiervorlagen aus diesem Heft, aus drei unterschiedlichen Teilen:

1. Lesen der Erzählung

- Erste Kontaktaufnahme mit dem Buch: Titelbild, Klappentext
- Erstellung eines Zeilometers (→ **k.1**)
- Lektüre der Erzählung:
- teils häuslich (z. B. mit Notizen ins Lesetagebuch oder Deutschheft)
- teils im Unterricht (Vorlesen durch Lehrer/in und Schüler/innen, stille Lesephasen)

2. Arbeit am und um den Text

- Schwerpunktmäßige Bearbeitung einiger Kapitel mithilfe der Kopiervorlagen **k.1** bis **k.7**
- Weitere Anregungen aus der »Methodenkiste« in diesem Heft → **u.5**, **k.8** und **k.9**
- Bearbeitung von thematischen Aspekten in Einzel-, Partner- oder Gruppenarbeit, z. B. »Konflikte in der Familie«, »Ausreißen«
- Angeleitete Recherche in Bibliothek und/oder Internet zu Themen des Romans
- Präsentation von Arbeitsergebnissen

Dieser Teil kann von den Schülerinnen und Schülern im eigenen Arbeitstempo bearbeitet werden. Die Lehrkraft kann einen Arbeitsplan mit Pflicht- und Wahlaufgaben erstellen, die die Klasse in einem vorgegebenen Zeitraum bearbeiten muss.

3. Reflexion der Lektüre

- Präsentation von Arbeitsergebnissen aus den Lesetagebüchern
- Bearbeiten des Feedback-Bogens zur Lektüre (z. B. auch als Leistungskontrolle)
- Abschließendes Gespräch über die Einschätzungen der Schüler/innen

Infoblätter

Zum Autor

Am 13.11.1933 wird Peter Härtling in Chemnitz als Sohn eines Rechtsanwalts geboren. Während des Zweiten Weltkriegs ist die Familie auf der Flucht. Härtling verbringt seine Kindheit unter anderem in Sachsen, Mähren, Österreich und Württemberg. Mit 13 Jahren verliert er bereits seine Eltern – sein Vater stirbt 1945 in einem russischen Gefangenenlager, seine Mutter begeht 1946 Selbstmord. Peter Härtling lebt bei seiner Großmutter. Er besucht das Gymnasium in Nürtingen, verlässt dieses aber 1951 vorzeitig. Er kommt mit den Lehrern nicht zurecht, die zum Teil ihre Überzeugungen aus der Nazizeit weiterhin pflegen.

Härtling beginnt eine journalistische Tätigkeit: Von 1955 bis 1962 arbeitet er als Redakteur bei der »Deutschen Zeitung«. Zu dieser Zeit versucht er auch erstmals, als freier Schriftsteller zu leben. Dieser Versuch schlägt allerdings fehl. 1967 wird er Cheflektor im S. Fischer Verlag und ein Jahr später zum Geschäftsführer des Verlags ernannt.

Peter Härtling schreibt zunächst Gedichte und Romane für Erwachsene. In den 70er-Jahren beginnt er, für Kinder zu schreiben, und gibt damit der Kinderliteratur neue, entscheidende Anstöße. Seit 1973 arbeitet er als freier Schriftsteller. Heute lebt er in Walldorf (Hessen), ist verheiratet und hat vier Kinder. Für seine Werke hat Peter Härtling zahlreiche Auszeichnungen, Ehrungen und Preise erhalten.

Auszeichnungen (Auswahl)

1964: Literaturpreis des Verbandes der Kritiker (Kritikerpreis) für »Niembsch«
1976: Deutscher Jugendbuchpreis für »Oma«
1980: Zürcher Kinderbuchpreis »La vache qui lit« für »Ben liebt Anna« und »Sofie macht Geschichten«
2001: Deutscher Jugendliteraturpreis (Sonderpreis) für sein kinderliterarisches Gesamtwerk
2003: Deutscher Bücherpreis für sein Gesamtwerk

Kinderbücher von Peter Härtling

- Und das ist die ganze Familie (1970)
- Das war der Hirbel (1973)
- Oma (1975)
- Theo haut ab (1977)
- Ben liebt Anna (1979)
- Sofie macht Geschichten (1980)
- Alter John (1981)
- Jakob hinter der blauen Tür (1983)
- Krücke (1987)
- Fränze (1989)
- Mit Clara sind wir sechs (1991)
- Lena auf dem Dach (1993)
- Jette (1995)
- Tante Tilli macht Theater (1997)
- Goethe für Kinder (1998)
- Reise gegen den Wind (2000)

i.2

Zur Rezeptionsgeschichte

Pressestimmen

»Theo, der selbst nicht genau weiß, warum er seinen Eltern wegläuft, muss erkennen, dass seine Trapperträume in der Wirklichkeit nur wenig Platz haben. Immerhin gewinnt er einen Freund: Papa Schnuff, den Karussellbesitzer, väterliches Urbild eines Fahrenden, der gern ein Zuhause hätte. Es kommt nicht oft vor, dass die Moral einer Geschichte so sympathisch aussieht.«
FAZ

»Wie in den früheren Büchern Härtlings wird unauffällig, aber unübersehbar der alltäglichen Geschichte eine greifbare Moral angehängt. Sie heißt hier: sich mit Gegebenheiten abfinden und nicht den Versuch machen, Konflikte kämpferisch lösen zu wollen. Jugendliche Leser stören sich daran.«
Mannheimer Morgen

Kindermeinungen zu »Theo haut ab«

»Was ich an Theo gut finde, ist, dass er Fantasie hat. Zum Beispiel bildet er sich ein, dass er eine kleine, schwarze Figur Koknottel hat, als kleinen, aber auch wichtigen Freund. Er braucht Koknottel wahrscheinlich als Ersatz für seine Geschwister, die er ja nicht hat. «
Stefanie

»Im großen und ganzen hat mir das Buch sehr gut gefallen. In der Vorgeschichte wird einem die Hauptperson, Theo Weißbeck, gut vorgestellt. Es gibt einen echten Schluss (nicht ›Ende gut, alles gut‹)!«
Christian

i.3

Peter Härtling beantwortet Kinderfragen

Aus einem Briefwechsel zwischen Härtling und einer vierten Klasse – Antworten auf Fragen der Kinder aus dem Jahr 1984

Liebe Schülerinnen und Schüler der Klasse 4c, vielen Dank für eure Briefe, in denen Ihr so viel Interesse an Theo und Papa Schnuff beweist. Das freut mich natürlich. Und da Ihr eine Menge Fragen stellt, möchte ich mich auch gar nicht länger mit der Vorrede aufhalten, sondern sie, so gut es geht, beantworten.

Ich kam auf die Geschichte, weil ich immer wieder von Kindern höre, die von zu Hause weglaufen, und traurig darüber war, denn ich wünschte mir, dass Kinder nicht »abhauen« müssen. Allerdings bin ich als Achtjähriger auch einmal ausgerissen. Zwar gefiel es mir zu Hause, und ich kam mit meinen Eltern gut aus, doch meine von Freunden angestachelte Abenteuerlust war mit einemmal größer. Mein Ausflug dauerte nur einen Tag und eine Nacht.

Ich habe an dem Buch etwa ein halbes Jahr geschrieben. Das dauerte so lang, da mir manche Kapitel nicht gleich gefielen und ich sie neu formulierte. Die Geschichte von Theo schrieb ich vor sieben Jahren, und zwar an dem Schreibtisch, an dem ich beinahe alle meine Bücher geschrieben habe. Er steht in meinem Arbeitszimmer, von dem aus ich durch ein großes Fenster in unseren Garten gucken kann.

Ich schreibe jeden Tag, immer vormittags, da es dann zu Hause ruhig ist.

Nein, mein Spitzname war keineswegs Bims, und ich kannte auch keinen Papa Schnuff, kannte keiner der Gestalten, die in dem Buch vorkommen. Ich habe sie mir ausgedacht. Allerdings wünschte ich mir, einem Papa Schnuff zu begegnen.

Ehe ich ein Buch beginne, mache ich mir immer einen Plan. Ich schreibe nicht einfach los. Mein erstes Buch erschien vor 32 Jahren, und seither sind es mehr als 40 geworden, davon neun Bücher für Kinder.

Ja, ich habe Kinder, auf deren »Aussprache« ich höre. Das ist mir besonders wichtig, denn die Kinder sollen in den Büchern so reden, dass es für euch stimmt.

Über Theo gibt es nur ein Buch. Ich mag keine Fortsetzungsserien, erfinde lieber immer neue und andere Gestalten. So geht es mir auch bei den Namen. Sie zu erfinden macht mir Spaß.

Und zum Schluss: Ihr fragt, ob ich auch einen Koknottel an der Decke habe, eine Fantasiefigur, mit der ich sprechen kann. Die hat beinahe jeder von uns zu einer bestimmten Zeit. Es kann auch ein Teddy sein oder ein Püppchen.

Ich wünsche euch und eurer Lehrerin
alles Gute

Euer Peter Härtling

Tabellarische Kapitelübersicht

i.4

Kapitel	Seiten Ort	Inhalt
1. Theo haut ab	S. 5–13 Zu Hause	• Theo wird vorgestellt. Er wohnt mit seinen Eltern in einem Hochhaus. Beim Mittagessen verschweigt er seiner Mutter den Brief der Lehrerin, den er abgeben sollte. Als der Vater am Abend schlecht gelaunt nach Hause kommt, streiten sich die Eltern, und der Vater schlägt Theo. Theo beschließt abzuhauen.
2. Wie Theo zu dem Spitznamen Bims kam	S. 14–18 Schule	• Von seinen Klassenkameraden wird Theo »Bims« genannt, weil er im Unterrichtsgespräch einmal Gesteine »Bims« genannt hat. Die Klasse kannte diesen Ausdruck nicht und lachte ihn aus. Seither heißt Theo »Bims«. • Am nächsten Morgen geht Theo wie gewohnt zur Schule. Dort kann er sich aber nicht auf den Unterricht konzentrieren. Nach der Schule lässt er seinen Ranzen im Schließfach und geht los.
3. Zuflucht bei Papa Schnuff	S. 19–35 Rüsselsheim, auf dem Rummelplatz	• Theo geht zum Bahnhof und fährt Richtung Mainz. In Rüsselsheim sieht er einen kleinen Rummelplatz und steigt kurzentschlossen aus. Dort lernt er die Schausteller Jecky und Papa Schnuff kennen. Der ältere dicke Herr betreibt das Karussell und lässt Theo mithelfen. Am Abend schicken die Männer ihn weg. Theo streift durch die Stadt und überlegt, wo er die Nacht verbringen soll. Schließlich geht er zurück zum Rummel, legt sich unter Papa Schnuffs Wohnwagen und schläft ein.
4. Anhalter auf Türkisch	S. 36–54 Auf der Autobahn	• Am Morgen entdeckt ihn Papa Schnuff unter dem Wohnwagen. Papa Schnuff befiehlt Theo, sich zu waschen, und gibt ihm etwas zu essen. Er schimpft nicht, ist aber merklich wütend. Er fragt Theo, warum er abgehauen ist, doch der Junge gibt sich recht schweigsam. Papa Schnuff macht dem Kind klar, dass er nicht bei ihm bleiben kann. Der Schausteller schreibt einen Brief, den Theo seinem Vater geben soll, in dem er den Vater um Nachsicht mit dem Jungen bittet. • Theo läuft zur Autobahn und will per Anhalter weiter weg fahren. Ein Mann nimmt ihn mit. Theo schläft ein. Als er aufwacht, liegt die Hand des Mannes auf seinem Bein. Theo bittet, ihn anzuhalten, weil er pinkeln möchte. Auf dem Parkplatz sagt er dem Mann, dass er nicht mit ihm weiterfährt. Zwei Lastwagenfahrer bemerken den Jungen. Theo bittet sie, ihn mitzunehmen. Kemal lässt ihn einsteigen und setzt ihn in Koblenz ab.

Kapitel	Seiten Ort	Inhalt
5. Ein Ladenmädchen und die Nacht in der Waldhütte	S. 55–66 Bei Koblenz	• Theo kommt in ein Dorf und kauft im Laden Brötchen und Wurst. Das Mädchen, das ihn bedient, versucht ihn auszufragen, doch er verrät nicht, dass er abgehauen ist. Im nahen Wald findet er eine offene Hütte, in der er übernachtet. Träume plagen ihn, und immer wieder bekommt Theo Angst. Am Morgen zieht er weiter.
6. Abenteuer in Köln und das Ende der Flucht	S. 67–81 Köln	• Per Anhalter kommt Theo bis nach Köln. In der Fußgängerzone klaut er einen Apfel. Ein Junge, der das beobachtet hat, spricht ihn an. Er ist der Anführer einer Clique. Die vier Jungen nehmen Theo mit in ihren Schuppen. Sie verbringen den Nachmittag mit Kartenspielen. Am Abend kaufen sie Reibekuchen und trinken Kölsch. Als es dunkel wird, gehen die anderen Jungen nach Hause. • Theo irrt durch die Straßen von Köln. Ein Gewitter bricht los, und Theo hat Angst. Er läuft einem Mann in die Arme, der ihn zur Polizei bringt. Dort gesteht Theo seine Flucht. Der Vater holt ihn ab. Auf der Rückfahrt erzählt Theo von seinen Erlebnissen. Vor der Haustür eröffnet ihm der Vater, dass die Eltern sich trennen werden.
7. Warum Theo, obwohl alle zu ihm freundlich sind, wieder wegläuft	S. 82–91 Schule, zu Hause	• Als Theo wieder in die Schule geht, ärgert Frieder ihn und nennt ihn einen Asozialen. Daraufhin prügeln sich die Jungen. • Die Sozialarbeiterin Fräulein Ritzert kümmert sich nun um die Familie. Der Vater ist ausgezogen und holt Theo jeden zweiten Sonntag ab, um einen Ausflug zu machen. Theo denkt immer noch an die netten Menschen, denen er auf seiner »Flucht« begegnet ist. • An einem Nachmittag, als Theo alleine zu Hause ist, klingelt der Vater. Er ist betrunken und fragt nach der Mutter. Theo beteuert, dass sie nicht da ist, doch der Vater wird wütend und nennt ihn einen Lügner. Der Junge schlägt die Tür zu – und beschließt, Papa Schnuff zu suchen. Er hofft, mit ihm über die Ereignisse sprechen zu können. Der Mutter hinterlässt Theo einen Brief.
8. Papa Schnuff ist nicht da und Jecky hat einen Auftrag	S. 92–95 Langen	• Theo findet zwar das Karussell, doch er trifft Papa Schnuff nicht an, weil der seine kranke Schwester besucht. Jecky ist unerwartet freundlich zu Theo und sagt ihm, Papa Schnuff käme am nächsten Tag wieder. Er bittet Theo, einem Freund in Frankfurt ein Päckchen zu bringen. Theo ist das unheimlich. Doch als Jecky sagt, er könne bei seinem Freund dann übernachten, willigt Theo ein.
9. Keschius ist kein Weltmeister	S. 96–110 Kneipe, Polizeirevier	• Am Abend findet Theo die Kneipe, in der er das Päckchen abgeben soll. Der Junge bekommt etwas zu essen und schläft fast am Tisch ein. Plötzlich kommt die Polizei. Theo wird schnell mit dem Päckchen in einen Verschlag geschoben. Dort verbringt er die Nacht. Am nächsten Morgen macht ihm der Chef Frühstück. Es klopft an der Tür – der Kommissar vom Vorabend und Keschius kommen. Der Polizist findet heraus, dass Theo von zu Hause weggelaufen ist und dass er das Päckchen, in dem gefälschte Autopapiere sind, überbracht hat. Der Junge muss mit aufs Polizeirevier. Nachdem er dort die Ereignisse zu Protokoll gegeben hat, wird er von einem Sozialarbeiter Lothar abgeholt und heimgebracht.
10. So einfach kommt man nicht nach Hause	S. 111–115 Zu Hause	• Die Sozialarbeiter kümmern sich stark um Theo und seine Eltern. Theo empfindet es als Einmischung. In der Schule droht er sitzen zu bleiben. Lothar beginnt, ihm Nachhilfe zu geben. Mit der Zeit gewinnt der Junge Vertrauen, und die Situation stabilisiert sich. Der Vater kündigt an, wieder zu heiraten. Lothar bietet Theo an, Papa Schnuff zu treffen.
11. Papa Schnuff erzählt	S. 116–125 Bei Papa Schnuff	• Mit Lothar fährt Theo zu Papa Schnuff. Der freut sich, den Jungen zu sehen. Er erzählt ihm von seiner Kindheit und wie er einmal abgehauen ist. Schweren Herzens trennt sich Theo von dem alten Mann. Beim Abschied muss er ihm versprechen, nicht mehr abzuhauen. Papa Schnuff kündigt an, ihn bald zu besuchen.

Figurenkonstellation

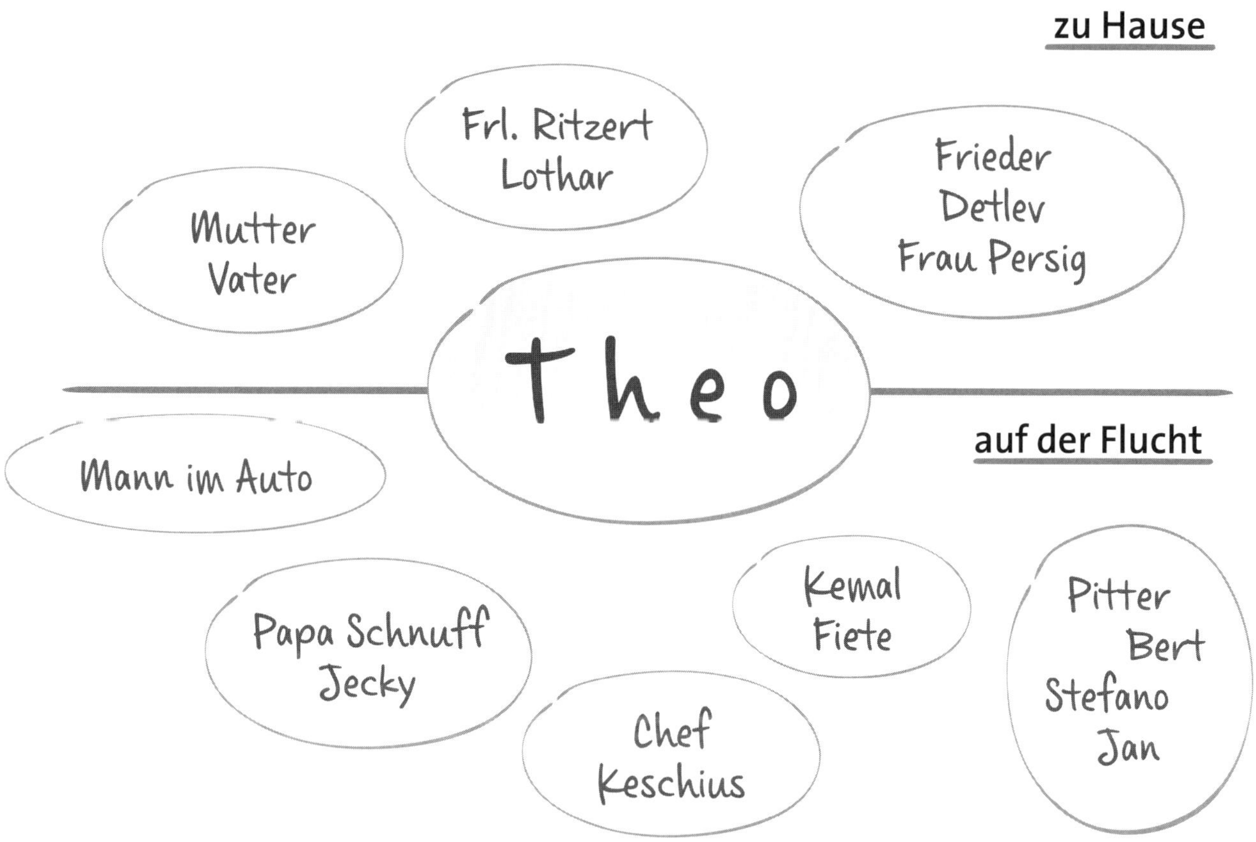

Zum Weiterlesen

i.5

Kinderbücher zum Thema »Ausreißer«

- Colfer, Eoin: **Benni und Omar.** Beltz 2001.
- Funke, Cornelia: **Herr der Diebe.** Cäcilie Dressler Verlag 2000.
- Härtling, Peter: **Das war der Hirbel.** Beltz 1973/1996.
- Tamaro, Susanne: **Tobias und der Engel.** Diogenes 2000.
- Wilson, Jacqueline: **Die fabelhaften Barker-Girls.** Dtv 2006.

Kinderbücher zum Thema »Familienkonflikte«

- Härtling, Peter: **Lena auf dem Dach.** Beltz 1993/2005.
- Härtling, Peter: **Fränze.** Beltz 1989/2007.
- Herfurtner, Rudolf: **Pauline und der gelbe Ritter.** Hanser 2005.
- Kästner, Erich: **Das doppelte Lottchen.** Dressler Verlag 1949/2006.

Zeitungsartikel im Internet

- www.zeit.de/2007/36/C-Strassenkinder?from=rss
  Bericht über jugendliche Ausreißer in Deutschland, die auf der Straße leben
- www.tagesspiegel.de/berlin/;art270,2347534
  Bericht über ein vermisstes Mädchen
- www.tagesspiegel.de/weltspiegel/Welt-Statistik-vermisste-Kinder;art118,1857100
  Statistik über vermisste Kinder aus dem Jahr 2007

Lesezeichen und Zeilometer

Dieses Lesezeichen hilft dir dabei, einzelne Textstellen zu finden oder dich mit deinen Mitschüler/innen über bestimmte Textstellen zu unterhalten. Die Zahlen sind die jeweiligen Zeilen.

Ein Beispiel: Ihr lest gemeinsam die ersten Seiten, und du willst den anderen in der Klasse sagen, wo auf Seite 6 der Satz »Mensch, ist das ein Gestank« steht. Mit dem Zeilometer ist das ganz einfach: Alle legen ihr Bild an den oberen Buchrand, und du teilst den anderen mit, dass der Satz in Zeile 15 steht.

Besonders schön wird dein Zeilometer, wenn du es individuell gestaltest.

»Ich gehe, Koknottel«

1. In diesem Kapitel erfährst du einiges über Theo und seine Eltern. Zeichne die Tabelle in dein Heft oder Lesetagebuch. Trage dann die Informationen stichwortartig ein.

Theo	Mutter	Vater
10 Jahre alt	arbeitet halbtags als Verkäuferin im Supermarkt	

2. Theo und seine Mutter essen gemeinsam zu Mittag. Lest die Szene auf Seite 8 und 9 zuerst mit verteilten Rollen. Ihr könnt dazu auch die Sprecher mit unterschiedlichen Farben markieren.
Versucht dann, die Szene zu spielen.

3. a) Theo hat sich eine Figur ausgedacht, der er seine Probleme erzählen kann. Wie stellst du dir Koknottel vor? Zeichne ihn.

b) Hast du dir auch schon einmal eine Figur oder Person ausgedacht, der du erzählen kannst, was du sonst niemandem sagen kannst?

4. a) Wenn Theos Eltern sich streiten, denkt er sich verschiedene Situationen aus. Lies auf Seite 12 nach. Schreibe oder zeichne in die Gedankenblasen, was Theo sich überlegt.

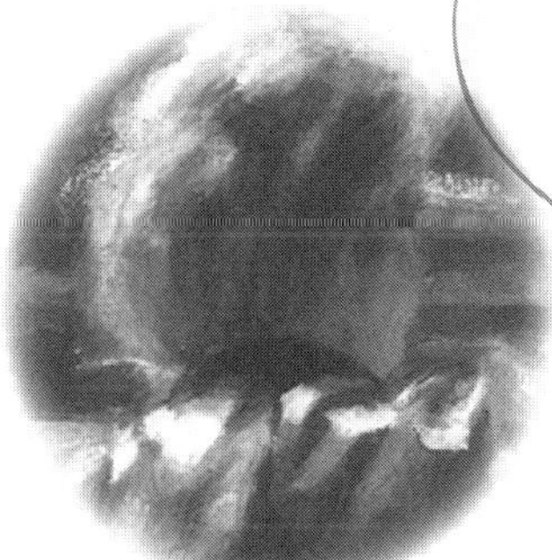

b) Hast du dir auch schon einmal ausgedacht, wie du deine Eltern »bestrafen« könntest?

»Nun fängt alles an«

1. Schneide die Kästen aus und klebe sie geordnet in dein Heft oder Lesetagebuch. In der richtigen Reihenfolge ergeben sie eine Zusammenfassung der Ereignisse des ersten Tages von Theos »Flucht«.

Theo weiß nicht, wohin er gehen soll. Nach Hause möchte er nicht. Er hat Angst, dass der Vater ihn auslacht.	In der Schule kann sich Theo nicht konzentrieren. Frau Persig fragt ihn, was los ist, und bietet ihm an, nach dem Unterricht mit ihr zu reden.	Theo genießt den Nachmittag und Papa Schnuffs Gesellschaft.
Am Abend schickt Papa Schnuff Theo nach Hause. Er gibt ihm drei Mark für seine Hilfe.	Schließlich setzt sich Theo in einen Zug, der nach Mainz fährt.	Dort treibt er sich zuerst ein wenig herum. Weil er Hunger hat, kauft er sich eine Wurst.
Als die Kinder Theo fragen, woher er kommt und was er hier macht, muss er sich etwas ausdenken. Er ist traurig, dass er lügen muss.	Auf dem Rummelplatz ist noch nichts los. Das Karussell wird gerade aufgebaut. Ein paar Kinder helfen dabei. Theo schließt sich an.	Am Morgen nach dem Streit der Eltern ist alles wie immer. Nach dem Frühstück fährt der Vater Theo zur Schule.
Theo lernt den Karussellbesitzer Papa Schnuff kennen und darf ihm den Nachmittag über helfen. Er sammelt bei den Kindern die Marken ein.	Er sieht Polizisten und bekommt Angst, entdeckt zu werden. Deshalb läuft er neben einem Mann her und tut so, als gehöre er zu ihm. Der Mann wird wütend.	Theo ist wütend, dass seine Eltern – im Gegensatz zur Klassenlehrerein – nicht gemerkt haben, dass es ihm nicht gut geht und er etwas auf dem Herzen hat.
Schließlich geht er zurück zum Rummelplatz und legt sich unter Papa Schnuffs Wohnwagen. Dort schläft er ein.	In Rüsselsheim sieht er einen Rummelplatz und beschließt kurz vor der Abfahrt des Zuges auszusteigen.	Als die Schule aus ist, steckt Theo seinen Ranzen in sein Schließfach und fährt mit der Straßenbahn zum Bahnhof.

2. Theo überlegt zwei Mal, wieder umzukehren und nach Hause zurückzugehen. Suche die Stellen im Text und schreibe in dein Heft oder Lesetagebuch, auf welcher Seite und Zeile du sie gefunden hast. Warum geht Theo nicht zurück? Diskutiert eure Überlegungen in der Klasse.

3. Als Theo nicht von der Schule nach Hause kommt, macht sich die Mutter sicher Sorgen. Wahrscheinlich ruft sie zuerst den Vater und später die Polizei an. Wähle eine Situation und überlege, wie das Telefongespräch verlaufen könnte. Schreibe auf.

4. Spielt eure Telefongespräche.

Tipp

Hilfe zu Aufgabe 3:

a) Gespräch mit Vater – Eltern überlegen, was ihm passiert sein könnte • Diskutieren, was sie tun könnten (suchen, Theos Freunde anrufen, Lehrerin anrufen, Suchmeldung bei der Polizei aufgeben ...) • Machen sich gegenseitig Vorwürfe und streiten.
b) Gespräch mit Polizei: Personenbeschreibung Theos • Ist er schon einmal weggelaufen? • War Theo in der Schule?

K.4

»Addio, Fremder!«

1. Richtig oder falsch? Kreuze an. Ergänze die Textstelle. Verbessere die falschen Sätze.

		richtig	falsch	Seite, Zeile	Korrektur
a)	Theo ist zum ersten Mal in Köln.	⊗	○	67, 1–7	
b)	Theo klaut einen Apfel und wird dabei vom Verkäufer erwischt.	○	○		
c)	Er lernt fünf Jungen kennen.	○	○		
d)	Mit ihnen verbringt er den Nachmittag in einem kleinen Schuppen.	○	○		
e)	Die Jungen spielen Karten, und Pitter erzählt von seinem Vater.	○	○		
f)	Pitter bietet Theo eine Zigarette an. Doch Theo will nicht rauchen.	○	○		
g)	Am Abend kaufen die Jungs Reibekuchen und essen sie gemeinsam.	○	○		
h)	Dazu trinken sie Limonade.	○	○		

2. Bert sagt zu Theo auf Seite 71: »*So was hast du noch nicht gesehen, Fremder, was?*«
Was denkt Theo, als er das Wort »Fremder« hört? Wie fühlt er sich?

______

______

3. Theo spielt nun den Fremden. Finde Textbelege dafür. Schreibe sie so in dein Heft.

Seite, Zeile	Was tut Theo?

4. Sind die Jungen gute Gesellschaft für Theo oder gefährlich? Diskutiert in der Klasse.

»Gute Gesellschaft«	»Schlechter Umgang«
Sind freundlich	rauchen

»Schon wieder muss er lügen«

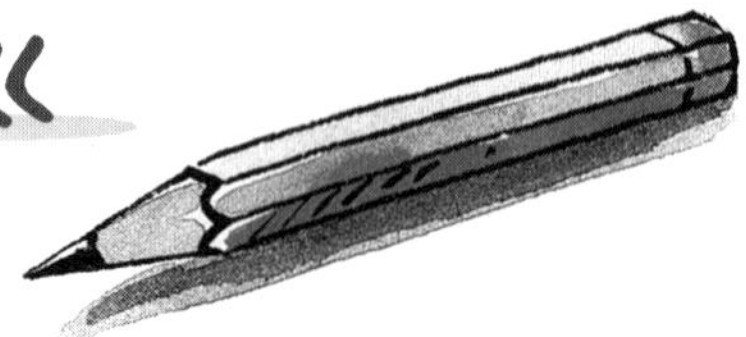

1. Die Leute, denen Theo begegnet, fragen ihn immer gleich, woher er kommt und warum er da ist. Jedes Mal muss er sich eine Ausrede einfallen lassen. Trage in die Tabelle ein, wer Theo was fragt und was der Junge darauf antwortet.

Seite, Zeile	Person	Frage	Theos Antwort
S. 25, Z. 28 – S. 26, Z.10	Michael	Bist du von hier? Wie kommst du denn hierher?	Aus Frankfurt Ich bin hier mit meiner Mutter. Die besucht ihren Bruder.

2. Wie fühlt sich Theo dabei?

3. An welcher Stelle hättest du die Wahrheit gesagt?

4. Auf Seite 39 fragt Papa Schnuff Theo, warum er von zu Hause abgehauen ist. Theo sagt: »*Ich weiß nicht*« und denkt: »*Er hätte natürlich sagen können: Weil sich die Eltern wieder einmal gekracht haben. Weil Vater Mutter geschlagen hat. Aber ganz stimmte das ja auch nicht.*« Warum nicht?

5. Suche auf einer Landkarte die Orte, an die Theo kommt. Zeichne den Weg seiner Flucht ein.

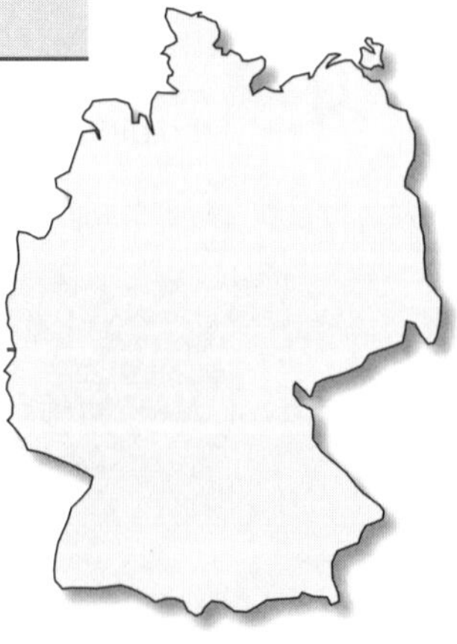

Tipp

Hilfe zu Aufgabe 1:

Weitere Stellen findest du auf Seite 27, 43, 48, 52, 58 und 69.

»Und hast du nie Angst gehabt?«

Theo erlebt auf seiner ersten Flucht Momente, in denen er sich gut und stark fühlt. Aber oft hat er auch Angst.

1. Wovor hat Theo am meisten Angst?

____

____

2. In welchen Situationen hat Theo Angst? Wann fühlt sich Theo gut und sicher? Lies noch einmal sorgfältig die Kapitel 3 bis 6. Zeichne eine Angstkurve in die Tabelle. Sie ist bereits für das 3. Kapitel ausgefüllt. Zeichne in deinem Heft oder auf einem großen Blatt die Tabelle weiter. Dann musst du die anderen Kapitel in Abschnitte untergliedern und Überschriften finden. Zeichne anschließend die Kurve ein.

Ereignis	Bahnhof	Zug	Rummel	1. Nacht	Am Morgen	...
Mut						
Angst						

3. Am Abend in der Waldhütte wünscht sich Theo, er hätte eine Postkarte. Die würde er an die Eltern schicken. Was würde Theo schreiben?

4. Als er wieder zu Hause ist, fragt ihn die Sozialarbeiterin, ob er keine Angst hatte. Was antwortet Theo? Warum?

____

____

»Höchstens Asoziale hauen ab«

1. Wähle eine der beiden Aufgaben:

a) Zeichne einen Comic von der Prügelei Theos mit Frieder. Überlege, wie viele Bilder du brauchst. Was sagen und denken die Figuren? Die einzelnen Bilder des Comics zeichnest du am besten auf ein DIN-A5-Blatt. Dann kannst du sie in der richtigen Reihenfolge auf ein Plakat kleben.

b) Frau Persig bittet den Rektor um ein Gespräch. Worüber sprechen die beiden? Überlegt in der Gruppe und schreibt Stichwörter auf. Spielt dann das Gespräch.

2. Frau Persig erklärt der Klasse, was ein »Asozialer« ist. Suche die Stelle und schreibe sie ab.

3. Ist Theo asozial? Diskutiert in der Klasse.

4. Bevor Theo das zweite Mal abhaut, schreibt er einen Brief an seine Mutter, damit sie nicht »durchdreht«.

a) Lies den Brief auf Seite 91. Denkst du, die Mutter macht sich keine Sorgen, wenn sie den Brief findet?

b) Wie hätte Theo den Brief anders schreiben können? Schreibe in dein Heft oder Lesetagebuch.

Liebe Mama,

»Es hätte auch anders kommen können«

1. Verschiedene Personen sagen zu Theo, nachdem er wieder zu Hause ist, dass er Glück gehabt hat, als er unterwegs war. Was hätte ihm passieren können?

2. Hat sich Theos Abhauen »gelohnt«? Überlege, welche guten und welche schlechten Erfahrungen er gemacht hat.

Gute Erfahrungen	Schlechte Erfahrungen

3. a) Was hätte Theo tun können, als er über den Streit seiner Eltern verzweifelt war?

b) Wähle eine Möglichkeit aus und schreibe in dein Heft, wie die Geschichte dann weitergegangen wäre.

4. Denkst du, dass Theo sein Versprechen an Papa Schnuff und seine Mutter halten und nicht mehr abhauen wird? Begründe deine Aussage.

5. Sucht in der Tageszeitung oder im Internet Berichte über »Ausreißer«.

Gut oder böse?

1. Theo lernt, als er wegläuft, verschiedene Menschen kennen. Hier findest du ihre Beschreibungen und ein Zitat (etwas, das eine Person gesagt hat). Schneide die Kästen aus und ordne zu. Schreibe den Namen der jeweiligen Person auf ein weiteres Kärtchen. Du kannst auch noch andere Informationen über die Personen auf Kärtchen schreiben.

Vor ihm steht ein alter Mann, der nicht viel größer ist als er, doch sicher viermal so breit. Ein Tonnenbauch hängt über eine schmuddlige grüne Samthose. Außerdem hat der Mann keinen Hals. Der kugelrunde Glatzkopf sitzt direkt auf dem Rumpf.	Es dauerte nicht lange, da kam der Rothaarige mit einem kleinen, dünnen, blassen, ein wenig buckligen Mann zurück. Er hatte dazu noch eine Fistelstimme. So, als wäre er vom vielen Brüllen heiser geworden.	Seine Jeans sind fabelhaft ausgeblichen, und das karierte kurzärmelige Hemd trägt er offen bis zum Gürtel. Er muss sich am linken Arm verletzt haben. Um den Ellenbogen ist eine schmutzige Binde gewickelt.	Zwischen den Regalen tauchte keine uralte Frau auf, wie er es gedacht hatte, so eine Kräuterhexe, sondern ein Mädchen, das ungefähr so alt ist wie er. Das Mädchen hat eine lange, altmodische Schürze an.
Hinter der Theke stand ein großer rothaariger Mann mit hochgekrempelten Hemdsärmeln. Die Muskeln an seinen Unterarmen lagen wie dicke Kordeln unter der Haut. Der musste viel Kraft haben.	Der Bursche kommt mit wiegenden Schritten über den Platz. Er geht wie ein großer Filmheld, wie Gary Cooper oder Bud Spencer. Die Hände in die Hüften gestemmt. Nur ein Colt fehlt. Und so ölverschmiert ist ein Westernheld nie.	Es ist ein Mann mit straff zurückgekämmtem grauem Haar und einem seltsamen flachen Gesicht. Wie ein Pfannkuchen mit Augen. … Außerdem riecht er scheußlich nach Parfüm oder nach Rasierwasser.	Sie war sehr klein. Klein ist nicht einmal der richtige Ausdruck. Sie war wirklich winzig. Nicht größer als die meisten anderen in der Klasse. Sie konnte sich, wenn sie wollte, zwischen ihnen verstecken.
Er wurde abgeholt von einem ellenlangen spindeldürren Mann, der aussah, als lebe er bloß von Luft und Suppe. … Der nannte sich nicht Herr Sowieso und machte auf amtlich.	Der eine von ihnen hatte beinahe braune Haut und schwarzes, öliges Haar. Er hatte eine schöne, dunkle Stimme.	»Also, dann geht. Nach Haus aber, Junge. Mach nix Blödsinn. Papa und Mama sind bloß traurig.«	»Bist'n lieber Kerl, Bims. Mach bloß keine Dummheiten. Die können einen ein ganzes Leben lang ärgern.«
»Ah, der schickt dich, mein armer Vetter! Das hat mir gerade noch gefehlt!«	»Was ist los, Theo? Du passt überhaupt nicht auf.«	»Du benimmst dich ja wie ein kleines Mädchen.«	»Zieh Leine!«
»Kommst du mit? Hast du Zeit?«	»Zeig das niemandem! Sonst geht es dir schlecht!«	»Jetzt gehen wir erstmal heim. Deine Mutter wartet.«	»Musst du nicht in die Schule, weil du krank bist?«

2. Manche Personen sind für Theo gut, andere eher gefährlich. Ordne die Personen in einem Schaubild an.

schlecht ⟵⟶ gut